경남대표시인선
56

참 따스한 기억

김미정 시집

돌판 경남

김미정
Kim Mi-jeong

그 누군가의 꽃이 되고 싶을 때
불현듯 생각하였네

그 누군가의 꽃이기보다
먼저 스스로에게 꽃이 되어야 함을

시인의 말

  다 비워내고선 가벼워지고 싶은 열망이 오롯하다. 그럼에도 그 무엇이 뒤에서 붙드는 듯 나의 걸음은 여전히 느리다. 3년 만에 제4시집을 엮어 내면서 아직도 손잡아 일으켜야 할 영혼의 분신들이 제법 줄지어 있음을 돌아본다. 내보내곤 거둬들여야 하는 작업, 이것은 어쩜 내 삶의 필연의 숨결이며 증류수여서 진정 깃털처럼 가벼워질 날이 언제일지는 정녕 미지수이다.

  작품집을 내놓을 때마다 민낯의 부끄러움이 체질로 동반한다. 하지만 어쩔 수 없이 감당해야 하는 세금 같은 몫인가 한다. 그러나 반가운 사람을 만나 건네는 따스한 악수처럼 누군가에게 공감의 체온이 실려 한 가닥 위안과 치유의 손길이 되기를 소망해본다. 끝으로 이 책이 나오기까지 도움을 주신 여러 선생님께 깊은 감사의 맘을 올린다.

2024. 8.
무학산 자락 완월동에서
김미정 金美廷

차례

시인의 말　　　　　　　　5

제1부 봄꽃 그리움

봄꽃 그리움　　　　　　　12
봄나무　　　　　　　　　13
봄의 벚꽃 단상　　　　　　14
이월 철쭉　　　　　　　　16
그리운 향기　　　　　　　17
폭염　　　　　　　　　　18
장군천 물소리　　　　　　19
사월 밤비의 비명　　　　　20
가로수 은행목　　　　　　21
늦가을의 서書　　　　　　22
물든 가로수 보며　　　　　23
눈 내리는 날의 스케치　　　24
오월의 이팝나무꽃　　　　26
낙엽 사연　　　　　　　　27
사월 전언　　　　　　　　28
장마 우기　　　　　　　　29

제2부 귀로

귀로	32
은방울꽃	33
동거	34
다리 건너기	36
비 내리는 날	37
멈춘 시간의 강	38
딱 한 사람	40
무덤꽃 풍경	41
늪에서의 추억	42
사랑 속에서	44
산호동 바닷가 지날 때면	46
백지	48
안개꽃	49
어머니 보내고	50
그냥	52
거제 몽돌해수욕장	53

제3부 그 누군가의 꽃

그 누군가의 꽃	56
따라 웃기	57
분꽃 배설	58
분꽃의 생	59
빛과 어둠	60
탄식과 인식	61
바람이어라	62
세월의 각성	63
뜨겁게	64
항해	66
인연법	67
빈손	68
행렬	69
난타 북소리 현장	70
울고 싶은 날	71
사랑 떼기	72
행복·2	74

제4부 노견老犬 사랑법

노견老犬 사랑법	78
물고기 방생	80
그리움 긁는 냄새	81
미치지 않고서는	82
반지	83
새댁	84
문으로의 초대	85
새벽에게	86
섬 이야기	87
찌개를 끓이며	88
붕대	89
아가야 너를 숨기고	90
여고 동창들	92
청송青松	93
소 우송트럭을 보고	94
섬 하나 그립다	95
사라짐에 대하여	96

제5부 참 따스한 기억

참 따스한 기억	98
숲속에 서면	100
장장군 묘	102
돝섬 이야기	104
그대가 괴로울 때	106
남강 유등 앞에	107
차 한 잔의 고독	108
2019년 삼일절에	110
어떤 분만 일기	111
여행·3	112
제삿날	114
물의 이면	115
밤파도	116
소금의 딸	117
출항의 닻을 올리며	118
홀로 서는 너에게	120

해설 | 오랜 기억 속으로 귀환하는
삶과 사물의 인연법 • 유성호   121

제 1 부

봄꽃 그리움

봄꽃 그리움

아장아장 걷다가
꽃샘바람에 후욱
엎어지곤 하더니

사근사근 봄비 내린 뒤
어느새 달음질쳐 와
덥썩 안긴다

이 봄, 너무 진한 향기
이 봄, 너무
어질어질한 그리움

봄길 꽃길 따라
풀무지개로 일어서는 설렘
영혼의 살결도 꽃단장한다

봄나무

뭇 숨결이 날개를 편다
얼려둔 목청들이 녹아내린다

연노랗게 파랗게
돋아나는 풋단어들

기역 니은, 아 야 어 여
상큼 새콤하게 손 맞잡은 자음과 모음

도들도들 땅속 노래를 퍼낸다
빛의 노래들을 내보낸다

갓 씻은 맨 살결들
산천을 덮고 마음을 물들인다

창을 연 얼굴들이 가지마다 반짝인다

봄의 벚꽃 단상

긴 겨울을 인내한 뿌리의 사랑이
우아한 비명, 터뜨리고 있다
꽃잎으로
꽃잎으로 피어나 춤추고 싶었던 사랑
바람에 몸 실어
마침내 허공 딛으며 춤을 춘다
보라, 하늘하늘
가없는 분홍 가희의 춤

단 한번 춤추어 보기까지
단 한번 몸 빚어
유혹적 편지를 하늘로 띄울 때까지
그토록 긴 그리움
그토록 긴 외로움의
땅속 뿌리의 생의 무게여

잊은 듯 거듭나
뿌리는 해마다 봄을 춤출 것이다
긴 기다림의 분홍사랑 엽신,
아픔일랑 다 비운 듯 공중에 띄울 것이다
나비처럼 가벼이
누구든 읽어내는 빛의 문자로

홀홀히 떠나간 나의 사람들도
해마다 봄이면 파릇파릇
봉분 잔디로 현현할 것이다 손짓할 것이다
뿌리의 숨결, 가슴에 귀 기울여 듣게 할 것이다

이월 철쭉

겨울 먼 길
가로질러 오다
숨 가빠 허기져
한 잔 하였는가

발그레 환하게
모든 짐 부려놓고
술김 오른 듯
활활 타는 남향 베란다 꽃불

그 눈매 그 입술
취하고 반하여
절로 절로 쓰다듬고 말하네
차암 예쁘구나
오느라 수고하였구나

그리운 향기

그 누가
문 앞에 서 있습니다
빗장을 열고 눈 부비며
겨울잠을 툭툭 털어낸 그 누가

냄새로 추억으로
그리움으로 열정으로
그리고 눈물로 아픔으로 서 있습니다

아, 그리운 향기
선뜻 다가서지 못하고, 손끝 닿을 듯
그렇게만 서 있는 그 누구

향긋한 설렘과 싱그런 청춘
그 향기의 봄이
안개빛 해일로 서 있습니다

화려한 현기증에
문간에 기대어 바라만 봅니다

폭 염

숨통을 막고 옷을 벗긴다
이런 난봉꾼
이런 무뢰한이 없다

여인네 주름살 기미
뒤덮은 분탕질 줄줄 벗겨내고
멋을 낸 머리 뽕, 기세마저 꺾는다
비밀 같지 않은 비밀, 말없이 발설한다

잠시 외출에 온몸에 땀 계곡
싸움꾼처럼 벌거니 익는 얼굴

그저 숨 쉬고 싶은 본능 하나
서둘러 선풍기와 에어컨을 찾는
뙤약볕 폭염 한낮

이 염통 더위에
저 공사장 늙은 아재
누구의 아비인가
형벌처럼 일하는 모습, 절로 눈물 솟는다

장군천 물소리

비 온 뒤 저 물소리 마음을 씻는다
머언 골짜기서부터 흘러온 한 자락 산
가부좌 수도승처럼
가슴에 터억 들어앉고

사노라 맺힌 사연들
콸콸 잘게 잘게
소리의 경전으로 세척한다

무념무상 텅 빈 허공
따리 틀다 사라지는 갖은 고락
모든 건 찰나 찰나
한 줄기로 흘러가고

머얼리서 굽이쳐 온 목청
거기에 잠기어
나는 끝없는 참선도량에 섰다
아아, 무념
이 하루도 상쾌한 첫 걸음질

사월 밤비의 비명
―세월호에 부쳐

사월 밤비의 비명 소리
가슴을 깎는다

줄줄이 뽑아내는
하늘 아래 맺힌 운명의 가락들

길 막힌 얼굴들이
통곡하며 길을 묻는 소리

심해 속 침몰을 끌어올리는
염원의 기도

분노의 가슴바다에 꽂히는
도리 없는 화살촉들

부끄러운 내 나라
사월 밤비의 비명
가슴을 깎고 또 깎는다

가로수 은행목

몸내 더운 그대 열기가
찬비에 젖고 있다
바람의 호명대로 허공을 키질하는
늦가을 날의 귀향

지면서 차오르는
목숨사랑 둘레로
시린 겨울우물이 파문진다

그 여름, 풋감 같은 무분별
그 봄날, 손가락 새로 후루루 흘러버린
뜬소문 같은 젊음

뿌리 내리고도
흔들리어 아프던
초가을 날의 멀미기

벗어서, 훌훌 벗어서
비로소 사랑법을 배운다
가장 낮은 제 소리, 엎드려 귀를 연다

늦가을의 서書

한 줌 쥔
주먹 안에서
모래가 새어나가고 있다

시간이
목숨이
빠져나가고 있다

아
사랑할 시간이
달아나고 있다

아직도
영혼이 타오르는 악보를
저 서녘 하늘에 내걸지 못했는데

물든 가을 산 위
불그레한 노을이
새어나간 모래알들을 핥고 있다

물든 가로수 보며

신열 오른 이마
짚어보지 않아도 알겠습니다
신음하는 가슴앓이
듣지 않아도 알겠습니다

사계를 걸어오며
마디마디 박인 옹이
건너기 쉽지 않았던
달빛 햇빛의 긴 가교

잎맥으로 옹이들이 순열히 합일하고
열에 떠서 혼절하는 저 몸매
안으로 빗장을 잠그는 몸부림에
곁 바람 한 줄기도 떨며 지납니다

눈 내리는 날의 스케치

그가 옷을 벗었다
벗어서
빠알간 핏덩이 세상을 향해 던졌다
추운 아가야 따뜻하라
추운 아가야 따뜻하라

세상은
멍들고 썩은 고름집을 잊고
눈부신 태초의 자신을 보았다
살결에 닿는 언 바람조차
달고 향그러운 아, 순수

세상의 모든 추함을
장례 치르는 흰나비 떼들
그가 던진 하아얀 수의壽衣
밤새 세상이 다시 태어났다

대지의 눈동자에서 이글거리는 성횃불
찬연히 지펴 오를 때까지
하늘, 그가 몸을 대패질하여
어린 핏덩이 세상을 감싸주고는

스스로 한껏 높푸르진 걸
아무도 눈치 차리지 못했다
그도 모른다, 시치미를 뗀 양

오월의 이팝나무꽃

가지마다 몽글몽글 양털구름 지피고
사르르 입안의 솜사탕도 매달고
설레었던 누이의 하얀 면사포도
나풀나풀 공중에 드리웠다

오, 너의 이름은 이팝나무꽃
가닥가닥 실낱의 꽃잎들이
서로 뭉쳐 한 고봉 쌀밥이라
눈으로 허기를 채우며
위로가 되었던 보릿고개 너머 꽃

가난한 이 땅의 어버이들이
배고픈 설움 견디며 꽃피워낸 후손들아
잊지 마세, 잊지를 마세
바람에 가만가만 몸 흔드는 묵시의 속삭임

맑은 오월 하늘에 한 조각구름 띄운다
봉긋이 퍼 담은 이팝나무꽃 사연

낙엽 사연

켜켜이 누운
낙엽을 뒤적이니
숨어 있던 바람들이 슬며시 웃는다

나는 어제의 봄바람이라고
나는 그제의 여름바람이라고

이 바람들 사이사이
스며 있는 가을바람에
겨울이 불쑥 손을 내민다.

그사이 노을은 슬몃 자취를 감추고
어둠살 내린 산자락
삭풍이 부는 가슴 언저리
가물가물 봄 아지랑이, 안개로 지펴 오른다

갖은 바람 사이에서
굽은 등 낙엽 한 장이
돌아누우려 뒤척이고 있다

사월 전언

너무 오래
기다리겐 마옵소서
찐득한 기다림에 서툰 마음
기다림은 크나큰 형벌이옵니다

기다리다 기다리다
지쳐 마음줄 놓아버리면
그때 그대는 허공에 뜬 구름
무심히 흘러가 버린 강물
메아리도 없는 골짝에 갇힌 돌

너무 기다리겐 마옵소서
계절이 불러
꽃이 오면 맞고
벌 날면 꿀을 지으소서
한 송이 꽃향기, 거듭난 숨결
이승의 꽃, 활짝 피우소서

장마 우기

그가 왔다
기다리지 않아도
찾아와 가슴을 푼다
강물처럼 푼 그의 가슴속으로
내가 녹아든다

기다리지 않아도 찾아오는 이
얼마나 따스한가
기다리지 않아도 찾아와
무너지는 이
얼마나 고마운가

무너져 말없이
한 음률 속으로 젖어든다
하나 되어 일어서는 비의 신비
아, 비밀한 우주의 힘이여
생각의 외로움이
훌훌 떠나가고 있다

제 2 부

귀 로

귀 로

아직 먼 줄 알았다
때가 아닌 줄만 알았다
어리게도 어리석게도

멈춰, 눈 비벼 바라보니
바로 앞에 다가와 있는
안개 자욱한 귀로

슬픔도 기쁨도
명패를 숨기고 번갈며
잡힐 듯 잡히지 않던
생의 모든 숨바꼭질

저기 저 곳은
피안인가 어둠인가
갑자기 가슴 욱신대며 다가오는
더 사랑하며 아파야 할 이름들

그 속에 그대, 있다

은방울꽃

산자락 양지바른 곳
방울 소리 은은하다
여기로 와보셔요 딸랑딸랑
바람이 불어와 꽃방울 흔든다

어쩜, 하이얀 꽃모자 쓴
귀엽고 예쁜 아가들
까르르 초롱 같은 웃음
행복이 물결친다

나 여기 있어요
다앙 다앙 나직한 종소리

동 거

속 쓰림에 잠이 깬 새벽
속을 달래려 주방으로 가서
미온수 한 잔을 마시고
종종 계획하던 것을 이윽고 실행하려
식칼을 꺼내들었다

30여 년간 동거한 그를
실수 없이 베려고 거실 등을 켜는 순간
베란다 유리문에 비친
칼을 든 한 여자 모습, 영화 장면처럼 섬뜩하다

수십여 년,
내가 주는 물과, 창가의 햇빛만으로
탈 없이 잘 살아온 베란다 지킴이
오가는데 걸리는 긴 팔뚝 하나 먼저, 싹둑 잘랐다

잎 톱날을 추려내고,
미련처럼 끈적거리는 노란 쓴 물도 헹궈내고
야들야들 물컹한 속살만 입속에 머금고 보니
이제 그와 나는 완전한 한 잎의 동체다

알로에 베라, 그의 위대한 헌신
이런 날을 위한 우리의 오랜 동거
나는 식칼을 제자리에 꽂으며
비빔밥 같은 웃음을 흘린다
잘린 팔은 스스로 진물 내어 아물 것이다
여인의 삶이 그러하듯

다리 건너기

내가 네게로 건너간다
네가 내게로 건너온다
아무런 의심 없이 오간다

다리 아래 늪
이빨 사나운 악어를 믿지 않는다
깊디깊은 오해의 수렁을 믿지 않는다

구원의 밧줄을 보내고
푸른 별 바가지를 퍼 올리며
삶에 윤기를 더한다

서로 사랑할 동안
서로 신뢰할 동안

비 내리는 날

언제 감아두었는가
기억의 저편
주소 없는 대문 앞에
촉촉이 젖어 풀리는 실꾸리

어쩐지 그리워
그리워서 가슴 저미는
이 창가
누군가가 오고 있다

부르지 않았건만 다가오는
그 누군가가
실꾸리를 감으며 온다
감으며 온다. 빗줄기 속을

멈춘 시간의 강

더는 흐르지 않는
시간의 강 앞에 자주 마주한다
순간은 있으되
어제 그제 그리고 조금 아까.
가까운 시간들은
강 건너 아득한 불빛으로 깜빡이는 강

먼 기억만
기적의 여음처럼 머물러서 맴도는 강
그 강에 실리면
내가 언니 등에 업히어 자란 얘기
예나 지금이나 자랑스런 동생이란 얘기들로
나는 어쩐지 행복하다

근심이 비워진 마알간 미소로
물은 걸 되물어도
사지육신 건강함에
아직도 대화능력 건재함에 감사할 뿐
여든넷 맏언니와의 우애는 마냥 애틋하다

이미 이승을 떠나간 사람들 안부를 묻는
하얀 기억의 강 앞에서
나도 함께 맴돌며 어지럼을 타지만
다만 내 추억의 자락, 오랜 빛으로 머물렀으면
그 기억의 강, 황혼빛 쓸쓸하여도

딱 한 사람

늦가을 날
까치를 위하여 남겨둔 홍시
오오래 매달아 두는 등잔불

주소 없는 허공에 주소 새기며
나래짓 힘겨워
물든 잎, 우수수 낙엽 질 때

오롯이 드러나는
빈 가지 열매
그 같은 딱 한 사람

창공에 출렁이는 순결한 강물
마른 들녘 축이며
들국들의 눈매 깊어갈 때

하얀 그리움으로 쪼아
더욱 오롯한 허공의 등잔불 하나
딱 한 사람, 그 사람은 누구

무덤꽃 풍경

허허한 공원묘원이
그래도 아름다운 건
맘 옹그린 강렬한 색, 무덤꽃들 때문이다

무덤꽃 가슴에 안겨 흐르는
그리움의 긴 강물
이승과 저승의 애틋한 손짓들 때문이다

웃음과 눈물 그 모두를 대신하는
하얀 두루마리 사연
꽂아두는 긴긴 무언의 편지 다발

허허한 공원묘원이 그래도 아름다운 건
무덤꽃 그가 품은 긴 그리움의 강물
이승과 저승의 애틋한 손짓들 때문이다

빛바랜 무덤꽃
새로 갈아 꽂음은
오랜 세월에도 빛바래지 않은 그리움의 몸짓이다

늪에서의 추억

짙푸른 목청
쩌렁쩌렁 울렸다
천년 바람의 서슬 푸른 이끼
해와 달, 그림자도 뿌리 깊었다

은빛 갈대,
속눈썹처럼 흔들릴 때
황홀하게 날아오르던
하늘의 무용군단

태고의 신비를 품은 곳
맨 처음 데려다 주신 내 아버진
영영 떠나시고
해마다 돌아온다는 그 철새
그. 리. 웁. 다.

늪이여 탈 없이, 아무런 탈 없이
잘 품어 키우는가
어미 가슴 아비 가슴에 안녕한가 뭇 생명들
깊이 모를 침묵에 돌덩이 하나 던져본다

무한 적막
천년 시공時空을 뚫고
짙푸른 목청 쩌렁쩌렁 울렸다
다들 떠난 뒤에도 펄펄 살아있을
뜨거운 굴레, 늪의 목청이

사랑 속에서

저어기 아픈 영혼들이 간다
미워할 수 없는 이 세상 동행자들이.
줄줄 피 흘리고 동여맨 붕대, 뒤로 감추고
절뚝이며 가고 있는
저 어여쁘고 가난한 이 세상 동지들

눈동자에 서린, 때 절인 스모그
미워하지 말라
가슴에 이리저리 얽힌 거미줄을
걷으려고도 말라
험준한 세상살이 동굴
헤쳐 나오며 걸린 사슬들
피멍든 발자국 흔적

그 흉터, 그대로 사랑하라
그가 곧 내 모습 그 아픔이 곧 나의 상처
바람에 나부끼다 지는
저 한 잎 낙엽의 인생들을
그대로 껴안으라 사랑 속에서

처음엔 우리 모두 야들야들
파릇한 새순이었느니
햇살에 빤작이는 투명한 아기였느니

산호동 바닷가 지날 때면

서울로 이사 간 친구가
고향 친구 그립다며 마산에 온 날,
갯내 풍기는 산호동 바닷가 횟집에
절친들 모여 회포를 풀던 때
그날의 아련한 그림 하나
그 바닷가 지날 때면 그리움에 가슴을 젖다

물든 저녁노을과
바다 위를 나는 갈매기들
그를 바라보던 노부부의 아름답고 고즈넉한 풍경
해변 돌머리에 앉은 안노인의 어깨를 감싸고
함께 바다 풍경에 눈길을 주고 선 키가 큰 노인
한 폭 아름다운 노년의 그림이라
중년의 우리들이 모두 탄복하며 바라본 그 주인공들이
바로 내 어머니 아버지이실 줄이야.

한달음에 달려 나가 모셔 들이고
친구들을 인사사키고
편하시라 옆방으로 모셨으니
부모님 아직 살아계심을 부러워하며
친구들이 한사코 대접해드려서 더욱 행복하던 날

그렇게 사랑하던 두 분 내 부모님
저승에서도 콩닥콩닥 사랑하실까
니 엄마, 말띠라서 역마살이라 다녀줘야 한다며
함께 산행하고 때로는 버스에 유람 삼아 오르신다던 분
산호동 바닷가 지날 때면
그날의 가을그림 하나, 사르르 그리움에 가슴을 젖다

백 지

아무도 분실신고를 내지 않는다
잃은 것이 무엇인지도 모르는 모양이다
백지 답안은 정답이 아니라고
날마다 매초마다 무언가를 채우려 안간힘 쓴다

소리가, 빛깔이, 느낌이 없어도 좋다
그저 가슴으로 와 안기는 텅빈 허공, 그 충만
내가 그대를 그리워함은
소리도 빛깔도 느낌 때문도 아닌 것

내가 네가 되는 하나의 우주
나는 없음이어서고
그대는 있음이어서다

내가 나를 찾지 못해서
아무것도 적어 내리지 못한다
오늘도 빈 백지를 들고
허공중 서성인다. 내 영혼

안개꽃

버릴 뻔한 밥티알 같은 기쁨
화안히 쓸어 담은 오지랖

행복도 쪼개어서 가지리
면사포 가녀린 발에 거른 고운 언약들

높은 해(日)도 낮게 내려와 숨 쉬는
자오록한 안갯발 드리우고

나를 딛어 그대 돋보여라
백초롱 초롱 켜든 애틋한 손목들

다 못 뱉는 한 음절 떨림말은
저문 하늘 은하수로 꼿꼿이 뿌려 두었네

어머니 보내고

어머니, 뼈를 발라주셨다
삶의 어려움들 목 안의 가시로
가슴 숨길 컥컥거릴 때

깊은 우물 한 두레박 물을 긷듯
구김살 다리듯 샅샅이 어둠을 잡아 다리고
삶의 갈비뼈 사이사이 아픔을 발라내셨다
이팝 위, 먹기 좋은 생선살로 올려놓아 주셨다

그때마다 슬픔에도 힘이 생겨
잠자는 낯선 힘들이 번쩍 눈을 뜨고
머리에 띠를 두르며 내달렸다

튜브의 진액을 짜내듯
강인하고도 초연한 모습
아! 그렇게 곁에 계셔 주셨으니
차마 어찌 쉬이 허물어지며
사는 일 힘들다 손 내저으리

영별의 아픔과 슬픔
눈물 없는 새 물레 자을 때까진
멍하니 허공을 바라보겠다
공중 치맛자락 자주 부여잡겠다

그 냥

이 다리를

그냥, 건널 수 없을까
순풍에 돛 단 듯이
잠 한숨 자는 듯이

그냥, 건널 수 없을까
마취라도 된 듯이
아무런 통각 없이

예서 저기인데
다리 건너기일 뿐인데
인생은

거제 몽돌해수욕장

거제 학동마을 바닷가엔
몽돌이 모여 산다
수억 년 파돗살에 몸 비벼 궁글어진
차르르 윤기 나는 몽돌들

한 버스 가득 부려진
아버지의 자손들
뜨거운 여름 햇볕에
파도 속 몽돌처럼 뒹굴었다

갖고 싶어도 가져오지 못하는 몽돌
아직도 푸른 바닷물결에 부대끼며 속삭인다
몽돌처럼 모나지 않는 세파의 길, 속삭인다

내딛는 발아래
상처 없는 자극으로
귀 열어 파도 소리 가슴에 재우는
그리운 아버지 품의 추억
거제 몽돌해수욕장, 흑진주 몽돌들

제 3 부

그 누군가의 꽃

그 누군가의 꽃

그 누군가의 꽃이 되고 싶을 때
불현듯 생각하였네

그 누군가의 꽃이기보다
먼저 스스로에게 꽃이 되어야 함을

물과 햇빛과 바람
그리고 세월이 잘 버무려져
풀 향기 향긋한 언덕 같은 꽃

벌 나비 화려하게 날지 않아도
어둠 중 뭇별이 키우는 영혼
날로 맑아 신비한 샘물 같은

그런 꽃, 자신의 꽃
피워내고 마주 서기를
하여, 내가 나를 사랑할 수밖에 없는 자신의 꽃을

따라 웃기

통화 중
그와 그녀가 웃으면 따라 웃는다
하얀 백지에 꽃눈 펄펄 내려앉는다

깔깔 껄껄
모습, 보이지 않아도
마주 보며 즐겁다

웃음의 카피놀이
웃음의 파도타기
웃음의 빛양산 함께 쓰기

저 모르게 따라 웃는
웃음의 돌림병
그대로 감염되는 해맑은 행복

*2023년 서울 전철 안전문 스크린도어 당선 시.

분꽃 배설

분꽃은
변비에 걸린 임산부

빨갛게 달은 얼굴
밤새껏 용을 써서

까만 동그라미
후손으로 낳아 놓고

펼쳤던 치맛자락 접으며
기진맥진 말한다

사는 건 배설하기다
몸도 마음도 배설하기다

온 목숨 다한 배설 끝에
미련도 후회도 없이 떠나는 것이다

죄다 뭉쳐 내쏟고 비워서는

분꽃의 생

돌아앉아
남몰래 익힌 빛깔
노을 녘엔 별받이 양산으로 펴고

어둠으로 갈아 빚은
한 알 제 모습
아침이면 고개 수그려 들여다본다

돌아앉아서도
할 일을 다 마친
쪼글쪼글 까맣게 옹근 제 모습

제 생명의 사리
한 알 완성의 모습을

빛과 어둠

어둠이 빛을 낳는다
빛이 어둠을 품고 있다

영원한 어둠
영원한 빛끼리
혼인을 한 까닭이다

해와 달이 손잡고 있기 때문이다
너와 내가 사랑을 하기 때문이다

정적도 반란을 품고
소란도 정적을 품고 있다

둘이 손잡고
둥둥 우주를 받치고 있다
삶과 죽음을 낳고 있다

너와 내가 사랑을 하는 한
우리 모두가 살아있는 한

탄식과 인식

도대체 내가
이 세상에 와서
한 일이 무엇이란 말인가

결혼하고
아이 셋 낳고
기르고 짝 맺어 주고

그리고
외로워한 일 말고는,
외로워서 한 일들 말고는,

결혼하여
아이 셋 낳고
기르고 짝 맺어 주고…

저 창밖
길 밖의 낙엽
꿈길인 듯 아득히 바라보는 늦가을날

바람이어라

맘과 몸 너무 가벼워서
돌덩이를 이고 안고 길을 걷는다
걷다 봄에 돌들이 너무 무겁다
가슴을 친다

사랑아, 너도 돌이고
재물아, 너도 돌이고
명예여, 너도 돌이로다
내리고 또 내려놓고 걷고자 해도
돌 그림자마저 따라 걷누나

바람이어라
저기 고갯마루 턱에 앉은 바람이어라
저 먼 하늘 구름 그림자여라

상여꾼도 없이 지워져 가는 이름들
유년의 무덤가 삐삐풀 같은 젖내단내
혼비백산 바람을 실어
지금은 헐렁헐렁 육신을 풀어 헤치네

세월의 각성

세월이 흐르면 안다
얼마나 많이도 필요 없는 것들을
껴안고 살아왔는지를
또 추억이란 이름과 덧댄 상처로
새날의 발목을 잡아채었던가를

버려야 할 것을 버리며
마음과 공간, 말끔한 분리수거로
산소 향 오늘을 가질 일이다
가슴에 그저 맑은 하늘을 앉힐 일이다

고운 이들 떠나는 뒷모습을
자주 보게 되는 저물녘 강가
흘러간 시간보다 맞이할 시간과
내딛는 하루들 너무도 소중하여서

무게도 흔적도 없는 바람의 붓으로
살아갈 날들 그려 볼 일이다
종횡무진 바람의 넋, 그 걸림 없는 영혼으로
가벼이 훨훨 살아볼 일이다.

뜨겁게

후회할 것 같다 내 좋은 사람
뜨겁게 사랑하지 못한 것
지금도 그러한 것

멀지 않았는데
먼 길 남은 것 아닌 걸 아는데
내 좋은 사람
왜 그리 미지근히 사랑했을까

그의 아픔과 기쁨,
좀 더 껴안고 보듬어서
낱낱의 행복 씨알
청량한 공기처럼
그의 가슴 창에 뿌려 놓아줄 것을

살아간다는 건
따사로이 손잡기
서로가 서로에게 소중한 존재임을
감사하는 일임에

후회할 것 같다 내 좋은 사람
뜨겁게 사랑하지 못한 것
저어기, 돌아가는 골목길
조바심치는 마음 애달파라

항 해

하선할 곳 향해
노 젓는다. 부지런히

잦은 멀미 흔들려대지만
어쨌든 가닿을 것이다

영원한 표류 아닌
정박의 항구 있음은
때론 슬픈 유토피아

안개처럼 부려질 그날
되려, 일월을 달구고

선체의 침몰을 거부하며
열심히 노 젓는다
얼큰한 석양 바다

끝이 있어
꿈처럼, 더욱 꿈처럼

인연법

끊어질 듯 이어지고
이어질 듯 끊어지고

아닌 듯 돌아서고
돌아선 듯 바라보고

바람처럼 스쳐가고
기억 속으로 돌아오고

살아서 몇 번을 마주할까
죽어서 몇 번을 기억할까

억겁의 인연법
아무도 모르는 골짜기 길
물과 불 넘나드는 길

빈 손

처음에 빈손이었듯
마지막에 빈손인 것을
때로는 잊어버리고 때로는 생각타가도
빈손이 부끄러워지고
빈손이 마음 아파지는 세상

가진 것 훌훌 털어도
마음 하나 당신에게 묶이우고 싶은 건
아직도 내가 나를 묶어 채우는
넘치는 손바닥의 사슬인 것

손가락 마디마디 부질없이 꺾어보듯
하나하나 연緣을 털어내면
날아가는 저 하늘의 새도
손바닥에 와 앉을 자유, 자유의 외롬의 구속이여

삶은 허공을 움켜쥐고
바람 할퀴는
알몸의 달음박질인저

행 렬

줄줄이 꿰여 가고 있다
각각의 소리 내며 제각기 색 빚으며
달리 걸어가고 있지만

잎 지는 가을 녘
고갯마루 턱에선 다 읽히나 보다
어쩌면 닮은 나이테
어쩐지 짠한 지난 계절들

더는 소리치지 말기를
목청들 낮추기를
불리던 이름표 다 떼어 놓고
낯선 맨몸, 서로 등 밀어주는 훈훈한 목욕탕
그 무엇도 걸치지 않은 발가숭이 맘처럼

이제는 서로 보듬어야 하는 것
잎 다 져버린 늦계절 행렬
속 찬 울림으로 다가올 수 있게

난타 북소리 현장

소리가 소리를 업고 파도친다
튀고 튀는 소리 핏방울들

단단한 근육의 산맥들이 심장을 찢으며
점점이 흰 피톨로 튀어 오른다

수천의 몰아沒我
혼념의 집은 소리보라 걸개에 끌려 잠적하고
아아, 생의 분단, 철조망들이
스르르 허물어져 내린다

덩달아 부서져 뛰어내리는
모음과 자음들
찌든 삶, 피멍 괸 사유도
낙화암 삼천궁녀처럼
줄줄이 소리치마폭 뒤집어쓰고

둥 두둥둥
신천지 등대 하나, 오롯이 솟는다

울고 싶은 날

한때의 폭우 뒤
가지 끝에 남겨진 빗방울 하나
조명을 받을수록 힘을 얻는 배우처럼
빛 속에선, 더욱 팽창하며 선연해

다리 묶여 퍼덕이는 한 마리 새 같은
이 대롱거리는 빗방울을
그 누가 건드려다오
떨어트려 날려다오

접촉을 기다리는 배터리 같은
내 영혼의 수분을
잔 밖으로 따르고 싶어
투명한 빈 잔이고 싶어

사랑 떼기

네가 큰 바다로 헤엄쳐 갈 때
나는 강어귀 돌무더기에 몸을 숨긴다
숨길 수 없는 마음일랑은
강바닥 모래 깊이 파묻는다
가벼운 한 마리 송사리처럼.

바다 저 너머
물결 따라 춤추는 네 모습
아름답다. 뜨거운 눈물 솟는다
옷에 붙은 껌을 떼려면 꽁꽁 언 얼음
내 영혼에 엉긴 사랑을 떼려면 무심한 빙하의 적막

이따금 바다가 보낸 네 안부
하늘거리는 강물
그 강물자락에 감기어 너를 느낀다
저 멀리 숨 쉬고 있는 너를 느낀다
네가 큰 바다로 헤엄쳐 갈 때
나는 가볍게 몸을 숨긴다

쓰린 내 가슴 비늘
내가 숨죽여 바라본다
둥지 밖으로 새 둥지로 떠나가는 새끼들
어미새는 울지 않는다
멀찍이서 바라볼 뿐이다

행복 · 2

또
하루를 잘 살아왔습니다
밤을 건너
눈을 떴습니다
내가 살아 있습니다
가슴을 감싸서 양 팔뚝을 만져보고
팔다리 허리 기지개도 켜봅니다

눈앞에 '시간의 길'이
다시 펼쳐져 있습니다
아직 한 번도 안 가본 새 길입니다
그러나 가본 듯이 익숙하게
더듬대거나 비틀거리지 않고
잘 걸어갈 것입니다
부상 없이 말입니다

사랑하는 이들의 기도가
눈을 뜨는 아침입니다
보이진 않아도 그것은
늘 함께하는 지팡이입니다
나도 그들의 지팡이로
날마다 새 첫발을 내딛습니다
감사한 행복이 여기 있습니다
아주 가까이서 새근새근
고른 숨을 쉬고 있습니다

제4부

노견老犬 사랑법

노견老犬 사랑법

또 내 아이에게 물렸다
저를 얼마나 사랑하는 줄 모르는지
꽉 깨물어 피가 난다
피보다 먼저 아악, 비명이 기일게 솟아올랐다
열네 살 나의 노견, 사람 나이로 치면 칠팔십 대
깡충깡충 앞서 뛰며 좋아하는 산책을 시킨 후
뒷다리 마사지를 해주려는데 그만 꽉 물려버렸다
하루 두 번, 산책을 시켜달라고 애교를 떨고 눈을 맞추며
내 잠을 깨우려 뽀뽀 세례도 하는 녀석인데
늙은 다리 관절 자극이 아팠나 보다

무슨 벌칙을 줄까. 때릴 수도 없고
잠시 눈길을 안 받아주는 벌을 주다가
기죽어 눈치 보는 모습이 안쓰러워 덥석 안아준다
길들이기는 글렀다. 그래서 또 물렸다
가만가만 쓰다듬으며
눈 맞추며 해주는 순서를 잊었었다
사랑에도 순서가 있는 법을 잊어버렸었다
부드러운 터치와 다정한 눈길과 말.

녀석이 또 나를 가르쳤다 사랑하는 법을.
같이 퇴행성 관절나라 입성한 처지에
마음 귀 더욱 열어둬야겠다
살펴보기 눈치도 늘여야겠다
함께 잘 살아가기 필수 항목, 사람과 다르지 않아

물고기 방생

가거라 훨훨
돌아보지 말고
한 번의 자유
다시 없을 구속

사노라 지은 살생 죄업
너희 비늘과 지느러미에 실으니
용신도 못 미치는
머언 수궁 그곳
머뭇대지 말고 훨훨 떠나라

햇살이 켜는
물결의 현을 따라
죄업도 팔랑팔랑

너를 보내며
궂은 맘 또한 방생하는
한 마당 인간의 속죄 굿
합장한 두 손 차가웁다

그리움 긁는 냄새

뉘 집에선가
여름날 이른 아침
구수한 누룽지 냄새 날아온다
'가마솥에 누룽지 박박 긁어서'
웃으며 배우던
어린 날 천자문도 구불구불 날아온다

타다닥 솔가지 밀어 넣어
군고구마 계란밥 만들어 주던
오빠와 언니들
가마솥 긁어 작은 손에 쥐어주던
옛 정지간의 구수한 보리밥 누룽지

누룽지 냄새가 옛 그리움을 긁는다
어리던 내가, 대문 안 꽃길
아침이면 줄지어 피어나던 보랏빛 달개비꽃처럼
화안히 웃고 다가온다
평화동 옛집에 그리운 가족, 누룽지 냄새로 감돈다

미치지 않고서는

어느 한 가지
미치지 않고서는
똑바로 설 수 없는 세상이라고

그날 그 태풍이
그날 그 이별이
그날 그 사랑이
말해주고 간 뒤

바닥 모를 적막
고요란 고요 다 거느리고
토굴에 홀로 촛불 밝혔다

자성을 찾아 맨발로
미친 듯 걸어가는
묶은 머리
눈빛 형형한 그 남자

반 지

하나로 나서
하나로 가는 길
억겁 윤회의 사슬
한 가닥 이승의 실타래로 빗어 내려
둥글게 둘러친 연緣의 수풀
해로 뜨고 달로 뜨는 지심志心이여

천만 번의 아픔, 천만 번 욕심의 불
바람에 헹구고 구름에 비우며
풍랑에 철드는 갯바위 심지로
둥글둥글 한 세상
짭조름히도 넉넉히도 보듬나니

천언千言을 벼린
탄탄한 그대 묵언
오늘도 약지의 첫 손마디에서 긷는
한 사발 정화수井華水의 삶

새 댁

아가의 분홍 잇몸
아랫니 두알
방싯거리는 나팔꽃
고 가지런한 치아를 닦는 물뿌리개를 들고
상큼한 아침, 그물을 던진다

만선의 남편을 기다린 아낙 되어
밤새 어둠을 여과시키며 기웠던 그물
날이 겹칠수록 익숙한 이음새
단단한 매듭 속에 담겨오는
확신 어린 내일의 씨알들

아무리 퍼마셔도 식상하지 않는
꿈의 풀기로 다듬질한 앞치마를 곱게 차리고
부엌과 마당 사이를 오가며
메조소프라노의 음색을 푼다

삶의 진액 진득한 저녁답
거슬러 헤엄쳐 온 은어의 지느러미
환한 미소로 거두어 닦는다

문으로의 초대

막혀 있음 벽이지 문이 아니다.
닫혀 있음도 벽이지 문이 아니다.
벽을 벽인 줄 모르고 산다
문인 줄 알고 산다

왜 열고 오지 않나
왜 밀고 가지 않나
오라고 가라고 손짓하는 마음들
문 아닌 벽 앞에서

어쩌누, 칼칼 베이는 시간의 혈점들
헛디딤 길, 가시꼬챙이 낙엽만,
애당초 문도 벽도 없음을
진작 알아야 하는 것을

저 허공, 큰 눈으로 말하나니
사방에 문을 열라
바람도 천지 기운도
훈훈히 흘러들게.

새벽에게

오시게
고독한 방황, 기인 회랑의 끝
언제나 초면인 듯 맛깔 나는 악수
그대 떨치는 푸른 깃과의
싱싱한 푸성귀 맛 입맞춤

열려 있는 부푼 시작
잔고 넉넉한 기대 찬 삶과의 새 경매
끈적한 땀내에 익숙한 코를 벌름거리며
겁 모르는 아해처럼 정말이지, 정말이지
뜨거운 불 속으로 투신하는 부나방처럼
온 몸 온 맘으로 하루를 빚고픈 첫 계단

만신창이 어제 아픔
차라리 부끄러워지는 초연한 새 다짐
일으키고 또 일으키어
무성한 엽록의 희망가지
홰를 치며, 홰를 치며 오시게
자로 오시게*

*자로 오시게: 어서 오시게의 경상도 방언.

섬 이야기

너로 하여
섬이 된다

저 허허 바다
한 척의 범선도 건너올 수 없는
천파만파 한가운데

오롯이
한 개의 섬이 된다

대신에 나래죽지 젖으며 우는 물새
대신에 소리쳐 외치는 파도
대신에 가슴 쥐어뜯으며 부서지는 바다 물살

서로, 한 개씩의 섬이 되어도
치유될 수 없는 그 무엇
아, 원죄 같은 절대고독

나로 하여
너도 섬이 된다

찌개를 끓이며

욕지기 같은 거품을 걷는다
부글, 보글 품었던 한
이물질의 어둠을 걷는다

결코, 핏줄로 합류할 수 없는
진주조개의 아픔들
세상사 비리고 떫은 이야기

툭툭 썰어 마늘 향에 버무리고
톡톡 매운 고추 맛에
이열치열 쓰린 상처 삭이고 절여

아픔도
잠시 누렸던 기쁨도
깊은 향미, 얼큰한 국물 맛으로 우러날 때

모든 것 어깨 걸어
분별 사라지는 맛이여 향기여
찌개와 같은 우리들의 삶이여

붕대

감아두면 고른 살 될까
제 눈에도 흉한 진물딱지
울컥울컥 뛰는 심사, 못난 상처
감아두면 치유가 될까

네 상처를 내게 다오
네 어둠과 못남을 내게 다오
내가 젖고 네가 마른다면
네 아픔 절반은 내 속살

덧나지 않는 세상
덧니처럼 내놓고
미운 뻐드렁니도 활짝 내놓고
맘 툭 놓고 스밀 데, 그대인가 붕대는

아가야 너를 숨기고

아가야 너를 숨기고
가슴에 품어 안고 여행을 떠난다.
먹이 다툼 때문인지 장난질 때문인지
결막도 아닌 각막에 손상이 나서
어쩌면 실명할지도 모르는 너를,
너를 어떻게 두고 떠나느냐

삼박 사일 일정의 강원산 숙소에
짐을 풀자마자 달랑 침대에 올라가
일을 저지른 너를 야단칠 수 없다
씻은 시트를 재빨리 말려주는
발코니 뙤약볕이 그저 고마울 뿐.
짖지 못하게 안고만 다니고
그마저 눈치 보여 큰 옷 속에
가방 속에 숨기고 다닌다

두 시간마다 안약을 넣어주고
하루에 세 번 약을 먹이고
극락사 오가는 세 시간 길엔
번갈아 너를 안고 가다가 걸리면
너는 다시 안아 달라 낑낑거린다

여행이 끝나 들른 애견병원에서
의사는 완쾌소식 종처럼 경쾌히 울려주고
아가야, 나는 어깨가 결려
식기를 부시거나 걸레질조차 힘들구나
아, 그러나 날 듯 고맙구나
주황빛 네 눈동자 색은
열심히 치료한 결과라 곧 본디로 돌아온다니.

여고 동창들

여고 단발머리 소녀들이
칠순 나이 이르러 모였다
더러는 길거리에서 마주치면
알 듯도 모를 듯도 한 모습들

이름 부르며 부둥켜안은 가슴 사이로
산화된 세월의 녹, 녹아내리고
펼치지 않아도 읽히는 숙성된 과일주 맛
켜켜 삶의 주름, 넉넉하고도 알큰한 미소

그 뒤안 아스라한 수채화 빛 전설
빤짝이며 빛나는 생의 봄날
눈물겹게 그리워도

그저 건강하니 마냥 고맙고
살아있어 고맙고
만날 수 있어 더 고마운,
살붙이처럼 애틋이 반가운 여고 동창들

청송靑松

천수관음 보살님
낱낱의 손끝에

아침 햇살을 꿰며
우뚝 선
눈 푸른 죽창들

사이사이
천년 산 병풍

합장의 깃 세우는
돌개바람

먼 하늘
그윽이

묵언의 돌밭 길
고르는 청송

소 우송트럭을 보고

덜컥거리는 트럭에
살찐 황소 두 마리 실려 간다
부처가 깃든 맑은 눈망울
마주치니 철렁 간이 내려앉는다
죽으러 가는구나
우리 인간의 식용이 되려 가는구나
아무것도 모른 채
좁은 틀 안에서 열심히 살찌워
이제 도살장으로 실려 가는
그것이 너희 운명 그것이 너희 사명

행복하다 불행하다
눈금 저울질하며 살던 사람들
다 어디로 갔나
산천의 객이 되어 조용히 누웠나
한 줌 가루 되어 흩뿌려졌나
잠시 후의 네 끝을 모르니
네 어진 눈망울 너무 천진하여 슬프구나
나도 내 끝을 모르니
이 여행길 마냥 즐거운가

섬 하나 그립다

내가 지쳐
홀로 망망대해 떠돌 때
가서 닿을 수 있는 섬 하나 그립다

우거진 숲과
청아한 새소리
시원한 바람에 포근한 햇살마저 거느리고

헝클린 내 영혼의 갈퀴를
말없이 빗어 내리는 섬

어지러이 깜빡이는
묵은 신호등을 새로 갈고
다시금 온전히
육지로 오르도록 에너지를 주는 섬

그런 섬 하나
존재만으로도 행복해지는.

사라짐에 대하여

저 산 너머
불빛이 한 수레 당도하고
바람 시새움에
벚꽃 잎 자분자분 밟히는데

우연한 앞집 아이 인사
제 아빠 일 년 전에 떠났다 하네
수시로 내 작품 달라 하시던 팔층 할부지
지난겨울 저 너머로 가셨는데

사라지고 또 사라지며
봄은 오고 있다
꽃잎 지며 열매 맺는 길
메마른 나뭇가지에서 세월의 법문 듣는다

지금도 누군가 떠나가고 있을 게다
모두 어디론지 가고 있는 게다
불빛 한 수레
누군가의 기억을 흔들고 있을 것이다. 가물가물

제 5 부

참 따스한 기억

참 따스한 기억

이제 나도 으슥한 숲
찾아가는 둥지 아니고 찾아오는 둥지의 숲
재재거리며 날아들 새끼들과
새끼의 새끼를 위해
얼려둔 모이들을 냉동고에서 꺼내 놓은
작은 명절 새벽
다듬어진 것들이 완성을 기다리며 녹을 동안
참 따스한 오랜 기억 하나
문득 가슴에 휘파람새로 난다

밤을 새워 어머니 손끝에서 태어난 날개
그 날개 펄럭이며 날아간 함안,
내 아버지의 고향, 시골 할머니의 숲
새 옷 날개에 간간이 떨어지는 초가지붕 낙숫물은
그대로 한 폭의 무채색 수채화
그러나 이내 겁탈하듯 몰아친 사하라 태풍
내 날개는 모조리 젖고
황톳물 가득 불은 흙 마당에
동동 떠다니는 감 대추 석류의 낙과들

치마를 속바지에 집어넣고
신나는 놀이처럼 소쿠리로 과일몰이 하였다

낙과자루 머리에 인 어른을 따라
기찻길 끊겨 걸어 나오던 새벽 신작로
이윽고 만난 버스를 타고 닿은 집
넘어지는 목재 울타리
새끼줄로 끌어당기며 밤새껏 용사처럼 사투한
스무 살 식모 순자언니가
벼락 같은 울음 터뜨리며 우릴 반겼다
그 눈물을 닦아주던 모든 식구들의 손
참 따스한 기억, 그 명절

이제 나도 으슥한 숲
명절이면 새끼들의 묵은 친구도 문안 오는 숲
메마른 이 도심 숲에 와서
그들이 가슴에 담아가는 건 무엇이리
이런 날 내 숲은 온힘 뻗쳐 잔가지까지 동동거린다
참 따스한 기억의 숲이고자.

숲속에 서면

젊고 늙은 나뭇잎 입술
바람피리 부는 숲속에 서면
바람도 한 채 따뜻한 이불이다
네 귀퉁이에 삐져나오던 형제자매 발가락
천지 사방 꼼지락거리고

돌아누우며 휙 끌어 덮으면
천진하게 드러나던 배꼽, 건강을 풀풀 날렸듯
귀퉁이를 맞추느라 바지런을 떠는 바람 속
풋풋이 풍겨나는 나무들 구수한 발가락 냄새

풀 양산 받쳐 들고
아득히 깨금박질 치며 달려오는 유년과,
이제 잘 익은 농주처럼 얼큰해진 연륜의 목덜미께 사이
그립기조차 한 서캐처럼 반짝이는 이슬, 머리에 이고
속눈썹 힘줄 푼, 젖은 억새풀로 흔들린다

가늘고 길며 뭉턱하고 짧은 모든 나무들
그렇게 발가락을 비비며
서로 잔털 숭숭한 다릴 얹거나 혹은 겨드랑 간질이며
바람피리 분다. 갈빛으로 잦아들 때까지

장장군 묘

우리 동네 아랫길 한길 가엔
커다란 장장군묘가 있다
시장 길로 이어진 골목을 앞에 두고
삼면에 철책을 두른 두 개의 묘
하나는 장군의 말의 묘라네

이 중 어느 게 장장군의 묘인가
의문으로 바라보는데
오늘은 동그만 두 무덤 사이 비석 앞
노란 늙은 고양이 한 마리가 상석에 앉아
천연스레 태평성대를 펼쳐보이듯 한다

고려 공민왕 23년*에
350여 척의 배를 거느리고
마산 합포바다로 쳐들어온 괘씸한 왜구를
관군과 합세하여 목숨을 바쳐 전쟁을
승리로 이끄신 장군

이름도 집안내력도 알려지지 않은 서민 장씨
장장군이라 불리며
장군동에 장군 개천, 장군 얼굴 형상이 새겨진
장군다리도 존재하게 한 역사적 인물의 묘

나라 안이 시끌벅적
권력 다툼에 어지러울 제면
절로 이 앞에 발걸음 멎으며
목숨 바친 수많은 애국선열 떠오른다

이 시대에 진정한 애국자 있는지
근심되는 부끄러운 민초 하나
서민 장장군 아득한 호령과 호통 소리
가슴으로 환청 하게 된다

＊1374년 4월.

돝섬 이야기

그리움의 손짓 하나
잔잔한 마산 바다에 떠 있다
날마다 푸른 이마 청정히 닦으며
서늘한 바닷새 휘파람 음표로
무지개 꿈을 산란하는 섬

어릴적 청마루에 엎드리면
사철목 울타리 사이사이
거북이 모양새로 다가와
신비의 황금 도야지 전설을 풀던 섬

그는 결코 먼 하늘
손 닿지 않는 별은 아니어서
해풍에 머리칼 날리며
통통배에 몸을 싣고 그에게로 가노라면
어른 아이 할 것 없이
삶의 보푸라기 시원히 걷어 날리던 그의 품

그는 마산 바다 유일의 쉼표
잊었다간 기억나는 이름 같은 그리움 더불고
오늘도 오라오라, 먼 듯 가까이서 손짓을 한다
느낌표, 따옴표, 물음표, 말없음표
삶의 모든 부호들 품어 안은 피안의 가슴으로.

그대가 괴로울 때

잊지 말라 그대 목숨
그대 것이 아닌 것을
놓지 말라 생명의 불꽃 그 희망을
펴라 활짝 그대 가슴, 향기와 온기로
이 지상에서 피워낼 많은 꽃들을

할 일을 다 마치고
웃으며 작별하는 날
할 일을 다 마친 아름다운 떠남을 위해
버려라 절망, 어두운 예감의 사슬

하늘은 늘 내일을 펼치고
날마다 새 태양을 비추나니
잊지 말라 가야 하는 길
고귀한 목숨의 사명을

사랑하고 또 사랑하라
그대 존재의 이유
그대 향한 눈동자들을

남강 유등 앞에

댓잎에 바람 서걱인다
누웠던 민족의 함성이
군화를 끌고 물살을 차며
허공을 순회한다

강물로도 아니 젖는
선조의 뜨거운 피
목련꽃처럼 툭툭 불거져
빛사래 친다

순백한 말씀
무언의 전언傳言
옷깃 여미고 두 손 모은다

차 한 잔의 고독

혼자 있기를 무서워하는 아이처럼
도시의 어른들은 무서워하고 있다
무덤 속 같은 외로움으로부터
돌림병처럼 격리되기 위해
한 잔 차를 사이에 놓고
한판 승부이듯 자신을 내건다

같은 빛깔 같은 음색을 골라
열심히 쌓고 또 헐어내리는 공감대
그러나 그가 다실문을 열고 나갈 때쯤
서비스맨이 걷어올린 잔의 밑바닥엔
풀풀 먼지나는 포켓 속
상처받은 자존심만치 쩔렁거리는
두서너 개의 토큰, 그 무게만큼한 앙금의 외로움
다시 팽배하며 건들거리고 있어

끝내 같아지지 않는 등진 공간 속
죽지 처진 귀갓길
밤길 가로등만이 달빛 거나하게 나누어 마신 채
정작 외로움 때문에 아름다워지고 있었다

2019년 삼일절에

태극기를 내걸며
백 년 전 오늘의 함성을 듣는다
대한독립만세! 대한독립만세!
선혈 낭자한 선조들의
피 끓는 한의 목청들 환청 한다
가족도 두려움도 떨친 채
오직 하나, 짐승 같은 일제 치하에서
자주독립 내 조국 되찾기 위해
기꺼이 목숨 바친 애국선열들 생각한다

그 거룩한 희생 위에서
우리들 자유와 평화 비롯하였다
우리 땅, 우리 조국에서
"대한민국, 대한민국" 당당히 외치며
세계만방에 올라서 있다
대한 조국 경축일 어언 백주기
하늘 우르러 경건히 앞섶 여민다
그리고 민족의 숙원이
상한 침목으로 얹혀 있는 지금의 내 조국
체기 어린 가슴도 아프게 돌아본다

어떤 분만 일기

이미 산달이 지나 있었어
태어나지 못한 아이들이
줄줄이 가슴을 짓눌렀어
터져버린 양수, 그 눈물도 이제는 다 마르고
메마른 태반의 아이만 숨을 헉헉 꺾는지
심한 발길질로 천근 머리를 어지럽게 찼어
마침내 빈혈의 구토증
세상 오물 인심 쫘악쫘악 토해냈어
죽은 사산아들을 낳았어
입이 붙은 아이들이었어
귀를 막은 아이들이었어
세상을 조용히 잠재우기 위한 착한 아이들이었어
언젠가 사랑이 많은 정의로운 의술가가
기막힌 산모의 아이들을 고쳐 주리니
듣지도 말하지도 못하는 아이들을
본디로 돌려 놓으리니
그 선한 세상을 기다리며
다시는 오물을 잉태하지 않겠다고
까마귀 떼 멀리 하는 산모

여행 · 3

우린 여행을 가고 있지
어디까지인지는 몰라
그러나 끝이 있다는 건 알아

돌아보면 아지랑이와 물빛 안개
그 속에 찬란한 숨결 놓여 있지
산다는 건 그리움이었어 그리고
끝없는 기다림이었어
뭔가를 기다리고 가슴 두근대며 설레었어

끝이 보여도 설렘을 멈출 수 없어
기적을 기다리고 꿈을 꾼다네
밝아오는 동녘을 기다리고
사랑하는 이들의 환한 웃음을 보고파하지

여행이야 분명,
우린 여행을 하고 있지
정해지지 않은 미지수 레일을
아지랑이와 안개를 걷으며 가보고 있지
어디까지인지
어디쯤에 사랑하는 이들의 울음소리가
꽃다발처럼 바쳐질지 모르는 여행을.

제삿날

보이지 않는
그리운 어버이 모습 그리며
한 둥지로 모여든다
핏줄의 힘, 핏줄의 정으로
지난날의 향기와
오늘의 발자취에 젖는다

뿌리 없는 열매 없으니
누가 저 혼자 세상에 났으며
저 혼자 자랐다 할 것인가
뿌리를 향해 열 일 제치고
형제자매 모여드는 사람 도리의 날

제삿날은
한 핏줄 혈육끼리 잊힌 체온
거듭 확인하며 손을 잡는 날
뿌리를 향해 경배 올리는
따스한 인륜, 당연지사의 날

물의 이면

저 창밖에 고드름 주렁주렁하다
꺼꾸로인 채, 죽어도
바로 서지 않는 고드름

지나는 행인
그 누구라도 겨눈
날카로운 창날로 있다

세상천지엔
물의 이면
이 같은 창날들로 아슬아슬 위태로운데

너와 나, 우리가 오늘도 무사함은
만날 수 있음은
얼마나 행운이며 축복인가

저 창밖에 사계도 없는 고드름
경계를 모르던 유년
그 유혹의 낯빛으로 주렁주렁한데

밤파도

허리춤에 달을 꿰고
덩실덩실 춤을 춘다

등껍질만 벗기고 앉은
몇만 겁 말문 닫은 한

노여움도 사랑놀이도
허연 거품으로 게워내고

수천 길 깊은 수심
시퍼런 이무기의 꿈을 재운다

소금의 딸

어머니, 제 몸이 무겁습니다
마음은 더 무겁습니다
불의 딸로 살다가
물의 딸로 살다가

열기熱氣도 물기도 아니게
짭조름 간이 밴 미립자들의 나라
당신께서 이기신 세월
당신께서 머금고만 계셨던
눈동자의 비밀한 사해 바다

저는 그대로 유전한 소금의 딸
아아 어머니, 소금의 딸이었습니다.
징징 녹아내리지도, 쿰쿰 냄새나지도 않게
부패하지 않고 살아갑니다

불의 딸을 이기고
물의 딸을 이겨내며
소금의 딸로 살아갑니다. 어머니

출항의 닻을 올리며

여기,
한 척의 범선 닻을 올린다.
힘찬 출항의 고동 소리 푸른 대기를 가르고
샘솟는 젊은 희망새, 금빛 날개를 퍼덕인다.

거친 풍우와 파도에도 좌초를 모르는 항해
몸을 태워 이 세상 어둠을 밝히는
거룩한 촛불의 행로여

낮은 소리에 더욱 귀 젖고
몸 낮추어 더 고귀한 소명
장대한 돛, 펼치나니
삼백예순다섯 일월의 층계마다
빛을 낚는 투망질
여과 없는 투명한 사랑의 그물질이여

나날이 건져 올리는 청솔빛 풍어, 그 사연들
지구촌 널리 아픔을 닦는
치유의 종소리로 울리시라
퍼낼수록 차오르는
맑은 영혼의 샘물이어라

만선의 귀항,
그날 향해 깨어 있는 눈빛들
모두가 한 바다 빛 되어 사랑 되어
축배의 팡파르 울린다
뜨거운 인류애 불꽃, 환한 뱃길 열어
빛나는 선지자의 순례, 축원의 폭죽 터트린다.

*김철 로타리 총재 취임 축시

홀로 서는 너에게

겁먹지 마라
혼자 바람 맞는 일
겁먹지 마라, 잡은 손 놓친 일
인생은 언제나 혼자의 길
끝없는 혼자의 길

혼자서 내보내고
다시 파도를 맞는
해안가 절벽 바위처럼
누구든 혼자 버텨내며 살아가는 길
잠시 잠깐 망각하여도

피부처럼 엉겨 붙어 있는
생의 천생적 외로움
살아있는 모든 목숨이
다 그러하거늘
외로이 버려둔다 원망도 마라
그들 또한 그리 가는 것이다

해설

오랜 기억 속으로 귀환하는
삶과 사물의 인연법
―김미정의 시세계

유성호 문학평론가·한양대학교 인문대학 학장

1. 시인 자신의 삶을 구성해가는 시쓰기 과정

김미정의 시는 지나온 시간에 바쳐진 애틋하고도 소중한 회상과 기억의 풍경첩이다. 그의 시는 우리에게는 시간의 탄력을 통한 인생론적 경험과 지혜를 건네고, 시인 스스로에게는 삶의 위안과 도전의 순간을 끊임없이 부여하고 있다. 물론 이러한 지혜와 위안의 언어는 오랜 지속성을 가지고 규율해온 삶의 깊이에서 발원하는 것이고, 익숙한 관성에 창조적 균열을 가함으로써 만들어진 미학적 순간에 탄생하는 것이다. 그렇게 김미정의 시는 아름다운 언어와 필치를 결속함으로써 자연과 인간, 삶과 죽음, 과거와 현재를 넘나들며 우리로 하여금 오랜 시간의 흐름에 대한 회상과 기억에 동참하게끔 해준다. 김미정 시인은 일차적으로 사라져간 것들에 대한 선연한 기억을 통해 그러한 시간을 이제는 되돌릴 수 없다는 전언을 우리에게 들려준다. 나아가 그의 시는 그리움을 통해 시인 스스로의 동일성을 구축해가는 운동으로도 오롯하기만 하다. 이처럼 기억의 심층에서 낱낱 시편을 길어 올리면서 우리를 그리움의 지층으로 인도해가는 김미정의 시는 오래도록 스스로를 규정해왔던 시간의 결을 회복하고자 하는 노력의 일환으로 쓰인 것이다. 그러한 기억을 통해 자신의 삶을 구성해가는 시쓰기 과정이야말로 김미정의 시인으로서의 존재론을 그대로 보여주는 것일 터이다. 결국 시인은 삶의 과정을 온축한 서정의 원리와 형상을 아름답게 완성해감으로써 존재의 기원과 궁극을 상상하는 시편을 우리에게 풍부하게 보여주고 있다. 이제 그 세계로 한 걸음씩 들어가 보도록 하자.

2. '소리'의 미학을 설계하고 수행해가는 장인匠人

이번 시집에 실린 김미정의 시 한 편 한 편에 서린 사유와 정서의 실감은 매우 두텁고 살가운 것이다. 그의 시는 삶의 환희를 노래할 때에도 구체적 경험을 담고 있고, 상처나 통증을 노래할 때에도 선명한 감각의 흐름을 녹여내고 있다. 그 점에서 김미정의 시는 개별성과 보편성을 결합하여 우리로 하여금 서정시가 개인 경험의 산물이자 보편적 삶의 이치를 전하는 양식임을 깨닫게끔 해준다. 말할 것도 없이 서정시는 '그때 그곳'에 대한 선명한 회상과 '지금 이곳'에 대한 치열한 인식을 통합한 순간적 점화의 기록인데, 이때 시인의 의식과 무의식에 숨겨진 원체험이야말로 서정시의 중요한 창작 원리가 되어준다. 그렇게 김미정 시인에게 원체험은 구체적 경험 속에 웅크린 천혜의 존재론적 토양으로 자리하면서 충실한 기억의 매재媒材가 되어주고 있다. 먼저 우리는 그의 오랜 기억이 수행하는 이러한 여정 가운데 나직한 풍경을 아름답게 그려낸 화첩 한 편을 만나게 된다.

    산자락 양지바른 곳
    방울 소리 은은하다
    여기로 와보셔요 딸랑딸랑
    바람이 불어와 꽃방울 흔든다

    어쩜, 하아얀 꽃모자 쓴
    귀엽고 예쁜 아가들
    까르르 초롱 같은 웃음

행복이 물결친다

나 여기 있어요
다앙 다앙 나직한 종소리

—〈은방울꽃〉 전문

이 짧은 시편은 밝은 감각의 심상으로 환하게 다가온다. 산자락 양지바른 곳에 피어난 '은방울꽃'은 고요한 사위에 방울 소리 은은하게 퍼뜨리고 서 있다. "여기로 와보셔요" 혹은 "나 여기 있어요" 하는 존재증명의 순간을 만들어내면서 '딸랑딸랑' 꽃방울 소리를 바람 속에 흩뜨리고 있다. 그렇게 "하아얀 꽃모자 쓴/ 귀엽고 예쁜 아가들"은 초롱 같은 웃음으로 행복하기만 하다. 어느새 시인도 그 꽃의 "나직한 종소리"에 감염되어 이른바 정경교융情景交融의 세계를 산뜻하게 만들어낸다. 여기서 잔잔한 음악으로 존재하는 '은방울꽃'은 "가장 낮은 제 소리, 엎드려 귀를 연"(〈가로수 은행목〉) 나무들처럼 시인의 내면에 밝은 길을 열어준 자연 심상의 대표 격이 되어주고 있다. 그런데 이렇게 잔잔하고 심미적인 풍경과 소리를 담아낸 시인의 마음은 어느새 역사의 한복판으로 들어가 비명悲鳴 소리를 채집하기도 한다.

사월 밤비의 비명 소리

가슴을 깎는다

줄줄이 뽑아내는
하늘 아래 맺힌 운명의 가락들

길 막힌 얼굴들이
통곡하며 길을 묻는 소리

심해 속 침몰을 끌어올리는
염원의 기도

분노의 가슴바다에 꽂히는
도리 없는 화살촉들

부끄러운 내 나라
사월 밤비의 비명
가슴을 깎고 또 깎는다

—〈사월 밤비의 비명〉 전문

10년 전 남녘 바다에서 일어난 이른바 '세월호 사건'은 시인에게도 가장 마음 아픈 비극으로 아로새겨져 있다. 그 역사적 비극을 "사월 밤비의 비명 소리"로 은유하는 시인은 밤비처럼 줄줄이 뽑아내는 "운명의 가락들"을 마음에 절절하게 품고 있다. "길 막힌 얼굴들이/ 통곡하며 길을 묻는 소리" 그리고 "심해 속 침몰을 끌어올리는/ 염원의 기도" 소리도 모두 분노의 가슴바다에 꽂히는 "부끄러운 내 나라"의 현실일 것이다. 그렇게 "사월 밤비의 비명"에 가슴을 깎고 또 깎는 시인의 연민과 분노와 사랑이 은은한 '은방울꽃'의 종소리와 함께 이번 시집의 심층적 배음背音으로 울리고 있다. 이러한 역사 감각은 김미정 시인으로 하여금 "속 찬 울림으로 다가올"(〈행렬〉) 순간을 맞이하게 해주고, 궁극적으로는 "무게도 흔적도 없는 바람의 붓으로/ 살아갈 날들 그려볼"(〈세월의 각성〉) 순간까지 조우하게끔 해주고 있다 할 것이다.

  우리가 잘 알듯이, 서정시는 논리적 이성으로는 파악할 수 없는 미학적 섬광閃光을 표현하는 언어예술이다. 김미정 시인의 목소리는 서정시가 구현할 법한, 기억의 현상학을 구성하는 독자적 음성을 담은 결정적 발화이다. 시인은 이번 시집을 통해 개성적인 '소리'의 미학을 설계하고 수행해가는 장인匠人으로 우리에게 다가오는데, 이러한 성취는 자기 발견의 의지와 타자 사랑의 마음을 동시에 이루어간 결실일 것이다. 그리고 그것은 인간과 자연, 인간과 인간이 공존하는 평화의 세계에 대한 갈망으로 수렴되는 것일 터이다. 그렇게 김미정의 시는 인간과 자연에 대한 친화적 정서나 행위를 총체적으로 표상하고 있다 할 것이다.

3. 존재의 기원에 대한 시적 탐구

다음으로 김미정의 시가 심혈을 쏟는 음역音域은 존재의 기원에 대한 가없는 추구와 재현 과정에 놓인다. 이때 '기원起源'이란 지나온 시간을 직접적으로 거슬러 오를 수 있는 원초적 대상 혹은 경험을 말한다. 여기서 시간을 역류해 오르는 것은, 단순하게 과거를 복원하는 데 그치는 것이 아니라, 지나온 시간을 원초적 경험의 형식으로 재생하면서 그것을 삶의 현재형과 연루시키는 일체의 행위를 뜻한다. 김미정 시인은 그러한 능동적 기억을 통해 존재의 기원을 노래해감으로써, 현실에서는 불가능한 상상적 존재 전환을 이루어간다. 물론 그의 사유와 감각이 비현실적인 초월이나 비약으로 이루어져 있는 것은 결코 아니다. 오히려 시인은 현실을 순간적으로 넘어서면서 전혀 다른 상상적 거소居所를 만들어내고, 마침내 지상에서 살아가는 이들의 불가피한 존재 방식을 적극 긍정해가는 쪽으로 귀일해간다. 그에게 '고향'이라는 처소는 바로 그 기원의 시공간을 모두 담고 있는 대표 표상일 것이다.

    그리움의 손짓 하나
    잔잔한 마산 바다에 떠 있다
    날마다 푸른 이마 청정히 닦으며
    서늘한 바닷새 휘파람 음표로

무지개 꿈을 산란하는 섬

어릴 적 청마루에 엎드리면
사철목 울타리 사이사이
거북이 모양새로 다가와
신비의 황금 도야지 전설을 풀던 섬

그는 결코 먼 하늘
손 닿지 않는 별은 아니어서
해풍에 머리칼 날리며
통통배에 몸을 싣고 그에게로 가노라면
어른 아이 할 것 없이
삶의 보푸라기 시원히 걷어 날리던 그의 품

그는 마산 바다 유일의 쉼표
잊었다간 기억나는 이름 같은 그리움 더불고
오늘도 오라오라, 먼 듯 가까이서 손짓을 한다
느낌표, 따옴표, 물음표, 말없음표
삶의 모든 부호들 품어 안은 피안의 가슴으로.

—〈돝섬 이야기〉 전문

마산 바다에서 바라보는 "그리움의 손짓 하나"는 그대로 '시인 김미정'의 기원을 환기하는 이미지이다. 그곳은 날마다 푸른 이마를 청정하게 닦으면서 "서늘한 바닷새 휘파람 음표로/ 무지개 꿈을 산란하는" 돝섬이다. '돝'이 돼지의 방언임을 생각할 때, 그 섬은 "신비의 황금 도야지 전설을 풀던 섬"이었음에 틀림없었을 것이다. 시인은 어릴 적 사철목 울타리 사이사이로 거북이 모양새를 하고 다가오던 섬을 결코 잊지 못한다. 그런데 돝섬은 어린 시인이 보기에 "결코 먼 하늘/ 손 닿지 않는 별"은 아니었다. 오히려 "어른 아이 할 것 없이/ 삶의 보푸라기 시원히 걷어 날리던" 넓은 품을 가지고 있었을 뿐이다. 그렇게 시인의 기억 속에 "마산 바다 유일의 쉼표"로 존재하던 돝섬은 "잊었다 간 기억나는 이름 같은 그리움"처럼 지금도 먼 듯 가까이서 하염없는 손짓을 보낸다. 오랜 기억 속에서 "느낌표, 따옴표, 물음표, 말없음표"로 몸을 바꾸어가면서 "삶의 모든 부호"를 품어 안은 "피안의 가슴"을 가진 돝섬이야말로 '시인 김미정'을 가능케 해준 멀고도 가까운, 낯설고도 친화적인 시상詩想의 원천이었던 셈이다. 이처럼 이번 시집에는 김미정 시인의 오랜 기억을 채우고 있는 이미지군群, 예컨대 "먼 기억만/ 기적의 여음처럼 머물러서 맴도는 강"(〈멈춘 시간의 강〉)이나 "아침이면 줄지어 피어나던 보랏빛 달개비꽃"(〈그리움 긁는 냄새〉) 같은 자연 사물들의 이미지가 빼곡하게 자신만의 모습을 드리우고 있다.

    이제 나도 으슥한 숲

찾아가는 둥지 아니고 찾아오는 둥지의 숲

재재거리며 날아들 새끼들과

새끼의 새끼를 위해

얼려둔 모이들을 냉동고에서 꺼내 놓은

작은 명절 새벽

다듬어진 것들이 완성을 기다리며 녹을 동안

참 따스한 오랜 기억 하나

문득 가슴에 휘파람새로 난다

밤을 새워 어머니 손끝에서 태어난 날개

그 날개 펄럭이며 날아간 함안,

내 아버지의 고향, 시골 할머니의 숲

새 옷 날개에 간간이 떨어지는 초가지붕 낙숫물은

그대로 한 폭의 무채색 수채화

그러나 이내 겁탈하듯 몰아친 사하라 태풍

내 날개는 모조리 젖고

황톳물 가득 불은 흙마당에

동동 떠다니는 감 대추 석류의 낙과들

치마를 속바지에 집어넣고

신나는 놀이처럼 소쿠리로 과일몰이 하였다

낙과자루 머리에 인 어른을 따라

기찻길 끊겨 걸어나오던 새벽 신작로

이윽고 만난 버스를 타고 닿은 집

넘어지는 목재 울타리

새끼줄로 끌어당기며 밤새껏 용사처럼 사투한

스무 살 식모 순자언니가

벼락 같은 울음 터뜨리며 우릴 반겼다

그 눈물을 닦아주던 모든 식구들의 손

참 따스한 기억, 그 명절

―〈참 따스한 기억〉 일부

  이 시편 역시 시인의 기억 속에 있는 따스했던 장면과 순간을 부조浮彫한 명편이다. 언제나 명절이 되면 둥지를 찾아갔던 시인도 이제 누군가 "찾아오는 둥지의 숲"이 되었다. 그 "재재거리며 날아들 새끼들과/ 새끼의 새끼"를 위해 시인은 마치 모이를 장만하듯이 작은 명절 새벽을 다듬는다. 그때 마침 새록새록 떠오른 "참 따스한 오랜 기억 하나"가 있다. 문득 가슴에 휘파람새로 날고 있는 과거의 기억은 "밤을 새워 어머니 손끝에서 태어난 날개"를 펄럭이며 찾아간 아버지의 고향 함안咸安에 대한 것이다. 시인은 "시골 할머니의 숲"에서 겪은 "한 폭의 무채색 수채화" 같았던 낙숫물과 이내 불어온 강풍에 대한 기억을 톺아올린다. 그때 어머니가 장만해준 날개는 모조리 젖었고 어린 시인은 황톳물에 떠다니던 낙과落果를 신나는 놀이처럼 소쿠리에 담았다. 그리고 마침내 "기찻길 끊겨 걸어나오던 새벽 신작로"를 지나 집에 돌아왔는데, 바람에 넘어지던 목재 울타리를 지키며 사투한 "스무 살 식모 순자언니"의 눈물을 닦아주던 식구들의 손이 지금도 따뜻하게 기억난다. 그렇게 "참 따스한 기억"이 그 오랜 명절을 마치 현재형처럼 떠오르게 한 것이고, 시인은 "돌아앉아/ 남몰래 익힌 빛깔"(〈분꽃의 생〉)처럼 자신의 몸속에 깃들여 있는 아름다운 장면과 순간을 이번 시집에 풀어놓은 것이다. 모든 것이 "순백한 말씀/ 무언의 전언傳言"(〈남강 유등 앞에〉)처럼 다가와 "부드러운 터치와 다정한 눈길"(〈노견老犬 사랑법〉)로 머무는 기억의 힘이 아니겠는가.

　우리는 모든 기억이 과거의 사실적 재현이 아니라 현재형에 의해 해석되고 구성되는 것이라는 점을 잘 알고 있다. 따라서 김미정 시인이 그려 보여주는 기억 역시 시인의 현재형과 고스란히 닮아 있다고 말할 수 있다. 그만큼 지나온 시간을 일일이 호명하면서도 오롯한 기억의 힘으로 자신의 기원과 삶의 고통을 함께 노래하는 김미정 시인은 근원적인 상태를 회복해가면서 어느새 자신이 떠나온 세계를 향해 상상적으로 귀환해간다. 그렇게 시인은 역설적으로 새로운 세계를 구성해가려는 의지를 보여주면서, '오래된 새로움'으로 기억의 심화 과정을 보여준 것이다. 이처럼 돌섬과 명절에 대한 기억을 통해 삶의 웅숭깊음을 그려간 시인은 우리로 하여금 삶의 위안과 희망과 사랑을 경험하게끔 해주고 있다. "귀 열어 파도 소리 가슴에 재우는/ 그리운 아버지 품의 추억"(〈거제 몽돌해수욕장〉)도 느끼면서 존재의 기원에 대한 시적 탐구 과정을 통해 우리를 새로운 시적 감동으로 이끌어가고 있는 것이다.

4. 인연법을 사유하는 불가적 경험과 상상력

그런가 하면 김미정은 불가적佛家的 경험과 상상력을 통해 사람살이의 아름다움에 대한 근원적 해석을 수행해가는 시인이다. 가령 시인이 선택하고 재구성하는 상황 설정이나 그 안에서 행하는 실천들은 한결같이 현재의 시인이 갈망하는 생의 형식을 담고 있다. 이때 김미정 시인의 사유와 실천은 불교적 전망과 깊이 연관되어 있으며, 그러한 과정을 통해 시인은 지금 자신이 잃어버리고 살아가는 가장 아름다운 어떤 존재의 원형에 대한 그리움을 발원發願하게 된다. 특별히 그가 써가는 '시'는 지상의 원리에 가장 충실하면서도 한켠에서는 유한자有限者로서의 실존을 고백한다는 점에서 그러한 해석 과정을 차근차근 밟아가고 있다. 또한 오감으로는 결코 포착되지 않는 근원적 실재를 찾아 나선다는 점에서, 그러한 사유와 상상력의 모험은 김미정 시의 본원적 기율을 가져다주는 역할을 하고 있다고 말할 수 있을 것이다. 다음 작품을 읽어보도록 하자.

가거라 훨훨
돌아보지 말고
한 번의 자유
다시 없을 구속

사노라 지은 살생 죄업
너희 비늘과 지느러미에 실으니
용신도 못 미치는
머언 수궁 그곳
머뭇대지 말고 훨훨 떠나라

햇살이 켜는
물결의 현을 따라
죄업도 팔랑팔랑

너를 보내며
궂은 맘 또한 방생하는
한 마당 인간의 속죄 굿
합장한 두 손 차가웁다

—〈물고기 방생〉 전문

'방생放生'이란 사람에게 잡혀 죽을 위기에 처하게 된 거북이, 물고기 등을 물에 풀어주는 불교적 의식儀式을 말한다. 위기에 처한 작은 생명을 살려줌으로써 내세를 위한 공덕을 쌓는 행위이기도 하다. 그러한 전통적 의미에 더하여 시인은 훨훨 가라면서 그네들에게 다시 찾아올 '자유'를 기꺼이 예감하고 노래한다. 물론 사람의 입장에서는 "사노라 지은 살생 죄업"을 물고기 비늘과 지느러미에 싣는 일이기도 하겠지만, 그네들로서는 "용신도 못 미치는/ 머언 수궁 그곳"을 향해 훨훨 떠나는 '자유'의 순간일 것이기 때문이다. "햇살이 켜는/ 물결의 현을 따라" 죄업도 팔랑팔랑 사라져갈 것이 아니겠는가. 이처럼 '방생'이라는 "한 마당 인간의 속죄 굿"을 바라보면서 시인은 "합장한 두 손"의 차가움과 마음의 따듯함을 동시에 느끼고 있다. 그러니 이 시편은 "나비처럼 가벼이/ 누구든 읽어내는 빛의 문자"(〈봄의 벚꽃 단상〉)를 통해 인간 속진俗塵의 죄와 자유를 은유하고 있는 사례이다. "바람에 가만가만 몸 흔드는 묵시의 속삭임"(〈오월의 이팝나무꽃〉)을 들으면서 "천언千言을 버린"(〈반지〉) 묵언으로 나아가는 시인의 모습이 약여하게 만져진다. 다음은 어떠한가.

끊어질 듯 이어지고
이어질 듯 끊어지고

아닌 듯 돌아서고
돌아선 듯 바라보고

바람처럼 스쳐가고
기억 속으로 돌아오고

살아서 몇 번을 마주할까
죽어서 몇 번을 기억할까

억겁의 인연법
아무도 모르는 골짜기 길
물과 불 넘나드는 길

―〈인연법〉 전문

'인연법'이란 '인연생기因緣生起'의 법칙으로서 인因(직접 원인)과 연緣(간접 원인)에 의지하여 생겨나는 원리를 말한다. 현상계現象界의 존재 형태와 그 법칙을 말하는 것으로서 이 세상에서의 존재자들은 모두 그것이 생겨날 원인因과 조건緣하에서 생성된다는 것을 뜻한다. 김미정 시인은 이러한 원리를 마음에 품으면서 끊어질 듯 이어지고 이어질 듯 끊어지는, 아닌 듯 돌아서고 돌아선 듯 바라보는 세상살이의 필연성을 생각해본다. 바람처럼 스쳐가지만 기억 속으로 귀환하는 것들을 바라보면서 "억겁의 인연법"이야말로 삶이란 "아무도 모르는 골짜기 길/ 물과 불 넘나드는 길"임을 알려준다고 노래하는 것이다. 결국 시인은 이성적 논리로는 가닿을 수 없는 '인연법'을 통해 "한 척의 범선도 건너올 수 없는/ 천파만파 한가운데"(《섬 이야기》)를 통과해가고 "그대 존재의 이유"(《그대가 괴로울 때》)도 천천히 알아가고 있다.

 김미정 시인은 우리가 일상에서 무심하게 지나치는 사물이나 사람들의 존재 형식을 통해 삶의 본질을 통찰하고 표현하는 직능을 아름답게 보여준다. 시인이 수행하는 그러한 통찰과 표현은 자신의 정서를 직접 드러내는 방식을 가급적 지양하면서, 뭇 사물의 고유한 속성과 본질이 불교적 인연법에 의해 구축되어 있음을 암시하고 있다. 그래서 시인이 포착한 삶이나 사물의 구체성은 연기적緣起的 속성으로 치환되어 나아가게 되고, 존재의 심층에 가라앉아 있는 생명의 원리에 대해서도 사유하게끔 해주는 원형으로 도약해간다. 그렇게 사물과 사람의 존재 형식을 통해 삶의 비의秘義에 가닿는 불교적 사유의 도정은 김미정 시인의 고유한 존재론적 표지標識라 할 것이다. 인연법을 사유하는 불가적 경험과 상상력이 이번 시집에서 번득이는 김미정만의 브랜드가 되고도 남을 것이다.

5. 오랜 시간을 통해 가닿는 '나'의 존재론

 김미정 시인은 자신이 써가는 서정시에 대한 의미론적 탐색을 수행하면서 서정시야말로 언어 자체에 대한 탐색에 공들이는 예술이라는 점을 강조해마지 않는다. 그리고 시인 스스로 언어적 자의식으로 충만한 사람이라는 고백을 이어간다. 언어 자체의 가능성을 탐색하면서 시인은 언어의 도구적 기능을 넘어 언어 자체에 대한 탐색에 최상의 수행성을 부여한다. 이러한 시인으로서의 존재론이야말로 시인이 가진 서정시에 대한 오랜 믿음과 열망을 보여주는 실존적 국면일 것이다. 아닌 게 아니라 시인은 사물을 매개로 하여 깨달은 근원적 이법理法을 노래하면서도 원초적인 인간의 존재론을 함께 보여줌으로써 자신만의 영역을 개척해가고 있다. 거기에 서정시라는 미학적 실체를 느끼면서 개진해가는 시인의 미학적 기율이 충실하게 녹아 있다 할 것이다. 그 정점에 '시간'과 '나'라는 가장 본질적인 삶의 조건이자 목표가 항존恒存하고 있다.

    한 줌 쥔
    주먹 안에서
    모래가 새어나가고 있다

    시간이
    목숨이
    빠져나가고 있다

    아

사랑할 시간이
달아나고 있다

아직도
영혼이 타오르는 악보를
저 서녘 하늘에 내걸지 못했는데

물든 가을 산 위
불그레한 노을이
새어나간 모래알들을 핥고 있다
—〈늦가을의 서書〉 전문

  꼭 쥔 한 줌 주먹 안에서 모래가 바깥으로 새어나가는 장면은 우리의 몸에서 시간이 빠져나가는 순간을 은유하고 있다. 그렇게 시간과 목숨이 빠져나가는 순간에 시인은 "사랑할 시간이/ 달아나고" 있음을 깨닫는다. 삶은 곧 사랑이니 그럴 만도 하다. 하지만 "아직도/ 영혼이 타오르는 악보"를 서녘 하늘에 걸지 못했으니 시인으로서는 사랑할 시간이 더욱 아쉽기만 하다. 또한 가을 산 위로 불그레한 노을이 "새어나간 모래알들"을 핥고 있는 '늦가을'이라는 계절은 "바로 앞에 다가와 있는/ 안개 자욱한 귀로"(〈귀로〉)를 보여주는 듯하다. 이렇게 시인에게 시간이란 객관적 실재가 아니라 비유적 형상으로 다가온다. 김미정 시인은 시간을 물리적 실재가 아닌 사후적 흔적을 통해 인지하고 경험하고 각인하는 것이다. 말할 것도 없이 서정시는 이러한 시간 경험을 양식적 본령으로 가지는데, 그 점에서 서정시는 시간에 대한 경험을 구성하는 양식적 특성을 지니고 있고 그럼으로써 서정시와 시간은 분리 불가능한 상호 원질原質을 이루게 된다. 김미정 시편도 그러한 시간 경험을 가장 깊은 원리로 삼은 빼어난 사례일 것이다.

    그 누군가의 꽃이 되고 싶을 때
    불현듯 생각하였네

    그 누군가의 꽃이기보다
    먼저 스스로에게 꽃이 되어야 함을

    물과 햇빛과 바람
    그리고 세월이 잘 버무려져
    풀 향기 향긋한 언덕 같은 꽃

    벌 나비 화려하게 날지 않아도
    어둠 중 뭇별이 키우는 영혼
    날로 맑아 신비한 샘물 같은

    그런 꽃, 자신의 꽃

피워내고 마주 서기를

　　하여, 내가 나를 사랑할 수밖에 없는 자신의 꽃을

　　　　　　　　　　　　　―〈그 누군가의 꽃〉 전문

　언제나 "그 누군가의 꽃"이 되고 싶었던 시인은 불현듯 "먼저 스스로에게 꽃이 되어야 함"을 깨닫는다. 물과 햇빛과 바람과 세월이 잘 버무려진 "풀 향기 향긋한 언덕 같은 꽃" 말이다. 화려하지 않아도 "어둠 중 뭇별이 키우는 영혼"처럼 맑고 신비한 샘물 같은 꽃으로 시인은 거듭나고자 한다. 오랜 시간 거듭하여 "내가 나를 사랑할 수밖에 없는 자신의 꽃"을 피워내는 일이야말로 '시쓰기'의 본질이자 목표이며 그 누군가의 꽃이 되는 것보다 훨씬 중차대한 일임을 강조하는 것이다. 그렇게 삶의 최종 목표는 스스로에게 꽃이 되어 "바람도 한 채 따뜻한 이불"(〈숲속에 서면〉)처럼 삼으면서 나아가는 것이 아닌가 하고 시인은 노래한다.

　이처럼 김미정의 시에는 자연 사물 속에서 삶의 이법을 발견하려는 의지가 한껏 묻어난다. 그리고 삶의 구체에서도 신성한 가치를 발견하려는 의지가 약동한다. 그 과정에서 시인은 삶에 대한 따뜻한 기억을 펼쳐 보이고, 사물들 스스로 감각의 주체가 되게 함으로써 그동안 긴박되었던 삶의 무게를 벗어나기도 하다. 하지만 그것 역시 새로운 가치에 대한 윤리적 발견 의지를 생성하면서 시인에게 구체적 실감 속에서 치러내야 하는 간단치 않은 의미를 역설적으로 부여하는 계기가 되어준다. 이는 그의 시안詩眼이 여전히 삶의 중심부를 향하고 있다는 확연한 증좌일 것인데, 오랜 시간을 통해 가닿는 '나'의 존재론이 그 확연한 과녁이자 결과일 것이다.

6. 근원적인 삶의 탐구로 남을 시집

결국 김미정의 이번 시집은 오랜 기억 속에 품고 있던 선명하고도 절절한 시간의 흐름을 복원함으로써 시인이 살아온 삶의 의미를 묻고 있는 심미적 화폭이라 할 것이다. 시인은 자신이 견지해온 몸과 마음의 문양文樣을 섬세하게 재현함으로써, 상처와 추억 그리고 현재 알아가고 있는 삶의 기율에 가닿을 수 있었을 것이다. 시집 안으로 순연하게 펼쳐놓은 삽화들은 그가 시간의 흐름을 온몸에 안으면서 걸어온 모습을 보여주는데, 그 흐름에 실려 그가 걷는 심미적, 실존적 길이 아름답게 펼쳐져 있다. 이렇듯 김미정은 삶과 사물을 해석하고 형상화하는 과정에서 그 이면에 존재하는 오랜 시간의 파동을 세밀하게 포착하여 그것을 순간적 충일함으로 복원해냄으로써 기억의 운동을 다양화하는 시인이다.

김미정 시인은 그러한 작업을 감각적 현존들이 저물어 가는 곳에서 수행해감으로써, 지나온 시간으로 복귀하려는 퇴행과는 달리, 나르시스적 도취와 명백하게 스스로를 구별하면서, 근원적인 삶의 탐구 결과로 이 시집을 꾸려왔다고 할 수 있다. 우리는 그의 시를 통해 그러한 과정이 삶의 구체적 토양 속에서 생성되고 있음을 목도하면서, 이렇게 따뜻하게 삶을 응시하는 창窓으로서 김미정의 시가 움직여가는 과정에 커다란 믿음과 응원을 보내게 된다. 이제 오랜 기억 속으로 귀환하는 삶과 사물의 인연법을 아름답게 보여준 이번 시집의 우뚝한 성취를 충실하게 이어가면서, 앞으로도 김미정의 시편들이 더욱 우리 시단을 환하게 밝혀가기를, 마음 깊이, 소망해본다.

경남대표시인선 · 56

참 따스한 기억
김미정 시집

펴낸날	2024년 8월 15일
지은이	김미정
펴낸이	오하룡
펴낸곳	도서출판 경남
주소	창원시 마산합포구 몽고정길 2-1
연락처	(055)245-8818, fax.(055)223-4343
블로그	gnbook.tistory.com
이메일	gnbook@empas.com
등록	제1985-100001호(1985. 5. 6.)
편집팀	오태민	심경애	구도희
ISBN	979-11-6746-148-3-03810

ⓒ김미정

＊이 책은 경남문화예술진흥원의 문화예술지원을 보조받아 발간되었습니다.
＊잘못된 책은 바꿔 드립니다.
＊저자와 협의 인지 생략합니다.

〔값 10,000원〕